BEI GRIN MACHT SICH IHR
WISSEN BEZAHLT

- Wir veröffentlichen Ihre Hausarbeit,
  Bachelor- und Masterarbeit

- Ihr eigenes eBook und Buch -
  weltweit in allen wichtigen Shops

- Verdienen Sie an jedem Verkauf

Jetzt bei www.GRIN.com hochladen und kostenlos publizieren

Strategiebericht für eine Praxis für Ernährungsberatung in Stuttgart

Bibliografische Information der Deutschen Nationalbibliothek:

Die Deutsche Nationalbibliothek verzeichnet diese Publikation in der Deutschen Nationalbibliografie; detaillierte bibliografische Daten sind im Internet über http://dnb.d-nb.de abrufbar.

ISBN: 9783389026007
Dieses Buch ist auch als E-Book erhältlich.

Druck und Bindung: Books on Demand GmbH, Norderstedt Germany
Gedruckt auf säurefreiem Papier aus verantwortungsvollen Quellen

Das vorliegende Werk wurde sorgfältig erarbeitet. Dennoch übernehmen Autoren und Verlag für die Richtigkeit von Angaben, Hinweisen, Links und Ratschlägen sowie eventuelle Druckfehler keine Haftung.

Das Buch bei GRIN: https://www.grin.com/document/1467108

Deutsche Hochschule für
Prävention und Gesundheitsmanagement
Hermann-Neuberger-Sportschule 3
66123 Saarbrücken

Hausarbeit

Studiengang	**MBA Sport- und Gesundheitsmanagement**
Studienmodul	**Strategisches Management 1**
Datum Präsenzphase (siehe Ergebnisdokumentation)	**17.10-19.10.2022**
Aufgabe	**Erstellung eines Strategieberichts für eine Praxis für Ernährungsberatung in Stuttgart**

Inhaltsverzeichnis

1. DARSTELLUNG DER AUSGANGSSITUATION 3

1.1 Wahl des Standortes 3

1.2 Beschreibung des Unternehmenstyps..3

2 PHASE DER STRATEGISCHEN ZIELPLANUNG 5

2.1 Unternehmerische Vision/Mission/Grundwerte..5

2.2 Strategische Zielplanung 6

2.3 Branchenvergleich 6

3 PHASE DER STRATEGISCHEN ANALYSE UND PROGNOSE 7

3.1 Branchenstrukturanalyse...7

3.2 SWOT-Analyse..8

3.3 Zielplanung 10

4 PHASE DER STRATEGIEFORMULIERUNG 10

4.1 Strategieformulierung 10

4.2 Blue Ocean-Strategie 12

5 PERSONALMANAGEMENT 12

5.1 Führungsverhalten...12

5.2 Recruiting 13

6 LITERATURVERZEICHNIS 14

7 ABBILDUNGS- UND TABELLENVERZEICHNIS... 18

7.1 Abbildungsverzeichnis..18

7.2 Tabellenverzeichnis..18

1. Darstellung der Ausgangssituation

Im Folgenden wird ein Strategiebericht für eine Praxis für Ernährungsberatung in Stuttgart aufgezeigt. Hierbei steht die Aufgabe eine strategische Analyse durchzuführen und ein Konzept zu erstellen, um die Grundlage einer Expansion im europäischen Fitness- und Gesundheitsmarkt zu bieten, im Vordergrund.

1.1 Wahl des Standortes

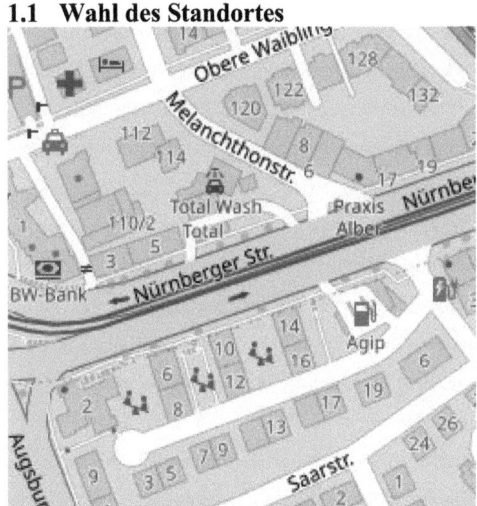

Abbildung 1: Standortwahl Praxis für Ernährungsberatung in Stuttgart (Open Street Map, 2024)

Die Praxis für Ernährungsberatung eröffnet in der Nürnberger Str. 2 in 70374 Stuttgart. Der Standort ist in Abbildung 1 mit einem Maßstab von 2cm zu 200m mittig durch einen rote Markierung zu erkennen. Der gewählte Standort bietet mehrere Parkmöglichkeiten (Google Maps, 2022a). Die nächste Straßenbahn, welche 2 Minuten zu Fuß von der Praxis entfernt ist, hält in der Nürnberger Straße und hat eine Fahrdauer von 7 Minuten zum Hauptbahnhof Stuttgart (Open Street Map 2024b).

1.2 Beschreibung des Unternehmenstyps

Strategische Geschäftsfelder beschreiben Marktfelder oder Unternehmensabteilungen (Bamberger & Wrona, 2012, S. 111). Die Frage, die sich das Unternehmen hierbei stellt: „Wo sind wir als Unternehmen aktiv?" (Simon & Gathen, 2010, S. 114) und

3

„Was möchten wir als Unternehmen bearbeiten?" (Müller-Stewens & Lechner, 2011, S. 144). Die angebotenen Dienstleistungen des vorgestellten Unternehmens umfassen unteranderem Einzelberatung durch qualifiziertes Fachpersonal. Hier werden zunächst wichtige Informationen durch ein Eingangsgespräch, einer Anamnese und der Betrachtung des aktuellen Ernährungsverhaltens eingeholt. Im Anschluss werden diese Informationen ausgewertet und ein Ist-Soll-Vergleich hergestellt, um ein Ernährungsplan für den Klienten aufstellen zu können. Basierend auf der Durchführung des Ernährungsplans finden wöchentliche Kontrollen und Korrekturmaßnahmen mit den Klienten statt. Damit die Kunden eine bessere Selbstwahrnehmung erlangen und damit maßgebliche Erfolge erzielen können, werden das Gewicht und die Körperzusammensetzung kontrolliert und Ernährungsprotokolle geführt (Hauner et al., 2013, S. 278). Die Kontrolle der Körperzusammensetzung erfolgt durch die Bioimpedanzanalyse, wodurch Erfolge oder auch Misserfolge besser erkannt werden (Hahnzog, 2014, S. 112). Die Einzelberatung hat den Vorteil, dass individuell auf die Bedürfnisse des Kunden eingegangen werden kann und eine gewisse persönliche Bindung zwischen Kunden und Anbieter entsteht (Hauner et al., 2013, S. 270). Es soll eine Eins-zu-eins-Betreuung geschaffen werden. Nichtsdestotrotz werden auch Gruppenberatungen angeboten. Hier entsteht der Vorteil, dass die Kunden weniger Geld investieren müssen und sie durch die Gruppendynamik eine höhere Motivation erfahren können (Hauner et al., 2013, S. 270). Das Unternehmen bietet auch Kochkurse an. Es werden Vorträge bezüglich gesunder Ernährung in Schulen und anderen Unternehmen angeboten. Des Weiteren bietet das Unternehmen online Kurse an, um den Kunden ein ortsunabhängige Zusammenarbeit zu bieten. In allen Fällen arbeitet die Ernährungspraxis eng mit Krankenkassen zusammen. Das Unternehmen befasst sich mit gesundheitsorientierten Personen sowie Amateur- und Leistungssportlern. Es werden Kinder als auch Erwachsene beraten. Auch erkrankte Personen an Adipositas, Nahrungsunverträglichkeiten und Allergien, Stoffwechsel- und Hormonstörungen, Insulinresistenz, Erkrankungen des Verdauungstraktes oder Herzkreislauferkrankungen werden als Klienten aufgenommen.

2 Phase der strategischen Zielplanung

In der strategischen Zielplanung werden unter anderem die Vision und Grundwerte erarbeitet und die Mission des Unternehmens festgelegt. Diese werden in den darauffolgendem Kapitel erläutert.

2.1 Unternehmerische Vision/Mission/Grundwerte

Tab.1 Vision/Mission/Grundwerte (eigene Darstellung)

Vision	Mission	Grundwerte
Wir wollen durch eine gesunde Ernährung die Basis für ein längeres Leben schaffen.	Bewusste und gesunde Ernährung aufzeigen und in den Köpfen der Klienten verankern, um Fettleibigkeit und dem damit verbundenen Risiko eines verkürzten Lebens entgegenzuwirken.	- Individuelle, effiziente und langfristige Betreuung der Klienten - Wertschätzung und Anerkennung gegenüber Klienten und Mitarbeitern

Die Vision stellt ein grundlegendes Gerüst der strategischen Führung und Umsetzung dar (Simon & Gathen, 2010, S.15). Es handelt sich hierbei um einen emotionalen Wunschtraum eines Unternehmens, welches in Zukunft erreicht werden soll (Welge & Al-Laham, 2012. S.13). Die Vision „Wir wollen durch eine gesunde Ernährung die Basis für ein längeres Leben schaffen" basiert auf der Feststellung der WHO (2021), dass sich die weltweite Fettleibigkeit seit 1975 fast verdreifacht hat. Die Folge von Fettleibigkeit ist unter anderem, dass sich die Lebensdauer um 9 Jahre verkürzen kann (National Audit Office, 2001). Der emotionale Wunschtraum des Unternehmens ist demnach, durch gesunde Ernährung die Lebensdauer ihrer Klienten zu verlängern. Die Mission soll aufzeigen, weshalb ein Unternehmen existiert und welchen Nutzen es aufweist (Müller-Stewens & Lechner, 2011, S. 227). Auf Grundlage der bereits dargestellten Vision lautet die Mission des Unternehmens daher, eine bewusste und gesunde Ernährung aufzuzeigen und diese in den Köpfen der Klienten zu verankern, um Fettleibigkeit und dem damit verbundenen Risiko eines verkürzten Lebens entgegenzuwirken. Die Vision spiegelt Grundwerte wieder, welche präzise und verständlich die zentralen Werte des Unternehmens hinsichtlich des Umgangs mit Mitarbeiter, Kunden, Lieferanten und der Öffentlichkeit zum Ausdruck bringen (Müller-Stewens & Lechner, 2011, S. 233). Dem Unternehmen ist es wichtig, dass die Klienten eine individuelle, effiziente und langfristige Betreuung erfahren durch qualifiziertes Fachpersonal. Nicht nur die Klienten sollen Wertschätzung und Anerkennung erfahren, sondern auch die Mitarbeiter, um die Mitarbeitermotivation hochzuhalten.

2.2 Strategische Zielplanung

Hungenberg und Wulf (2011, S.49) bezeichnen Unternehmensziele als einen Zustand, den ein Unternehmen zu einem bestimmt Zeitpunkt erreicht haben soll. Die Unternehmensziele konkretisieren die abstrakte Vision und die vage Mission (Weber et al., 2018, S.99). Innerhalb der nächsten 5 Jahre strebt die Praxis für Ernährungsberatung das Ziel an, das marktführende Unternehmen im Bereich Ernährungsberatung zu präsentieren. Es wird die Auszeichnung als „zertifizierte Ernährungsberatung" gemäß der Deutschen Gesellschaft für Ernährung e. V. (DGE) direkt im ersten Jahr angestrebt, um ihren Kunden Qualität vorweisen und bieten zu können. Des Weiteren sollen in den ersten drei Jahren vier Kooperationen angestrebt und ausgebaut werden. Hier sind Projekte mit einem Adipositas Zentrum, Fitnessstudios, Schulen, Krankenkassen und Personaltrainer denkbar. Im ersten Jahr soll der Fokus auf die Kooperation mit dem nur 850m entfernten Krankenhaus Bad Cannstatt gelegt werden, welches beim Prießnitzweg 24 in 70374 Stuttgart zu finden ist (Google Maps, 2022c). Es handelt sich hierbei um ein Adipositas Zentrum mit der eine Zusammenarbeit geschaffen werden kann. Diese Kooperation soll den Zweck erfüllen, dass die Patienten nach Ihrem Aufenthalt eine Anlaufstelle in der Praxis für Ernährungsberatung haben. Ebenfalls im ersten Jahr wird eine Kooperation mit einer Krankenkasse in Angriff genommen. Der Bekanntheitsgrad soll in den ersten drei Monaten durch die Präsenz des Unternehmens auf Instagram und TikTok gesteigert werden. Das Ziel ist es auf jeweils beiden Plattformen 200 Follower in diesem Zeitraum zu generieren.

2.3 Branchenvergleich

Die Angebote der Mitbewerber in Stuttgart sind hoch. Sowohl Praxen für Ernährungsberatungen, Fitnessstudios und Personaltrainers sind hier aufzufinden. Die Internetrecherche hat ergeben, dass wenige Mitbewerber auf die Unternehmensvision eingehen. Hecker (2012, S. 47) beschreibt, dass die Unternehmensvision meist nur intern an die Mitarbeiter kommuniziert wird. Wogegen die Mission auch nach außen getragen wird.

Gemeinsamkeiten in der Mission sind zu finden in Bezug auf eine umfangreiche, qualitative, motivierende und vertrauensvolle Beratung der Kunden mit dem Ziel der Steigerung des Wohlbefindens der Kunden und der Vermittlung von gesunder und ausgewogener Ernährung. Schlussfolgernd ist es wichtig, dass das Unternehmen sich trotz der Ähnlichkeiten der bereits bestehenden Unternehmen durch ein breitgefächertes Angebot abhebt und durch Qualität heraussticht.

3 Phase der strategischen Analyse und Prognose

Die strategische Analyse, sowohl Umwelt- als auch die Unternehmensanalyse, gibt dem Unternehmen einen Überblick über den Ist-Zustand (Welge & Al-Laham, 2012, S. 213). Hier gibt es verschiedene Analysemethoden, wie unter anderem das Five-Forces-Modell und die SWOT-Analyse (Bamberger & Wrona, 2012, S. 336 ff.).

3.1 Branchenstrukturanalyse

Porter (2000, S. 29) hat ein Modell der fünf Wettbewerbskräfte entwickelt. Hier spielt die Anzahl und Stärke der Wettbewerber der Branche, die Bedrohung durch potenzielle neue Konkurrenten, Zahl, Größe, Verhaltensstruktur und Preissensitivität der Abnehmer, Bedrohung durch Ersatzprodukte und die Verhandlungsstärke der Lieferanten eine zentrale Rolle. Im Folgenden wird Bezug auf die einzelnen Wettbewerbskräfte genommen.

Die Branchenwettbewerber sind durch die Vielfalt an Ernährungspraxen und Fitnessstudios mit Ernährungsberatung gekennzeichnet. Das Unternehmen trifft hier also auf eine Konkurrenzsituation. Das geplante Unternehmen muss ihre Existenz durch eine rechtliche Absicherung schaffen, um so Kooperationen mit Krankenkassen eingehen zu können. Hierfür muss der Abschluss in Ernährungsberatungsfachkraft durch ein Zertifikat nachgewiesen werden und zusätzlich die Teilnahme an Fortbildungen für die Ernährungsberatung, sowieso regelmäßige Weiterbildungen (Bundeszentrum für Ernährung, 2017).

Die Anzahl an neuen Wettbewerbern auf dem Markt erhöht sich generell durch immer weiter steigende Attraktivität der jeweiligen Branche (Hartstein et al., 2016, S.32). Da die Bezeichnung „Ernährungsberater" nicht gesetzlich geschützt ist, besteht die Möglichkeit, dass sich im Prinzip jeder mit dieser Bezeichnung auf dem Markt etablieren kann (Bundeszentrum für Ernährung, 2017).

Lieferanten spielen für die Praxis der Ernährungsberatung kaum eine Rolle, da es sich hierbei um eine Dienstleistung und weniger um Produkte handelt. Das Unternehmen möchte nicht mit Nahrungsergänzungsmittel arbeiten, da der Fokus auf einer ausgewogene Ernährung liegt.

Die Kunden erfahren durch die Praxis der Ernährungsberatung eine wöchentliche intensive Betreuung, bekommen so die Möglichkeit ihren Umgang mit der Ernährung im Alltag auf Dauer zu verändern und sichtliche Erfolge zu erzielen. Hiermit wird ein Mehrwert für den Kunden geschaffen, um ihn langfristig an das Unternehmen zu binden.

Subventionen sind vor allem durch die zahlreichen Online-Ernährungsprogramme und Angeboten an Diät-Shakes zu finden. Anders als zu der Praxis für Ernährungsberatung fehlt hier jedoch der persönlich Kontakt, der eine Voraussetzung darstellt (Jochum, 2013, S. 419) und die individuelle Beratung sichert. Die Umfrage zur Nutzung und Nutzabsichten von Gesundheits-Apps in Deutschland von SPLENDID Reseach (2019) ergab, dass 14% der Befragten in den letzten zwölf Monaten Gesundheits-Apps genutzt haben und mehr als die Hälfte der Befragten diese ablehnten.

3.2 SWOT-Analyse

Die SWOT-Analyse befasst sich mit den eigenen Stärken und Schwächen (Strength/Weaknesses) des Unternehmens und den Chancen und Risiken (Opportunities/Threats) des Marktes. Dadurch wird ermöglicht, dass eine Verknüpfung der Unternehmens- mit der Umweltanalyse durchgeführt werden (Bea & Haas, 2013, S. 128).

In der folgenden Tabelle werden die Stärken und Schwächen des Unternehmens aufgezeigt, im Anschluss die Chancen und Risiken auf dem Markt und die jeweiligen Strategien entwickelt.

Tab. 2: Stärken und Schwächen (eigene Darstellung)

Stärken	Schwächen
- Hochwertig und individuell durch Eins-zu-Eins Beratungen der Kunden - Qualifiziertes Personal (DEG) - durch social Media Arbeit hohe Sichtung im Internet - online Coaching, um den Kunden eine ortsunabhängige Zusammenarbeit zu bieten	- Kunden müssen viel Zahlen auf Grund des hochpreisigen Angebots - Betreuung der Kunden ist durch Eins-zu-Eins Betreuung zeitintensiv - unbekanntes Unternehmen

Tab. 3: Chancen und Risiken (eigene Darstellung)

Chancen	Risiken
- wachsende Nachfrage durch wachsende Fettleibigkeit - Nachhaltigkeit durch Kooperationen mit Adipositas Zentrum, Fitnessstudio und Krankenkassen - Mundpropaganda bei Erfolgsgeschichten	- hohe Mitbewerberzahl, niedrige Eintrittsbarriere - vermehrt Angebote an Ernährungsplänen und -programmen im Internet

Tab. 4: SWOT-Analyse (eigene Darstellung)

SWOT-Analyse	Chancen	Risiken
Stärken	- Werbeanzeigen auf social Media, um Neukunden zu generieren - qualifiziertes Personal ermöglicht höhere Erfolgschancen der Kunden, was die Mundpropaganda positiv verstärkt - Kostenübernahme der Krankenkassen erhöht die Bereitschaft zur Ernährungsberatung - Kooperation zu Fitnessstudio erhöht Bekanntheitsgrad durch qualifiziertes Personal, da in Fitnessstudio (meist) keine ausreichend geschulten Ernährungsberater geboten werden	- Initiative zum Onlinecoaching ergreifen, so können Menschen von zuhause und auch im Ausland das Angebot nutzen - werben mit qualifizierten Personal, da Bezeichnung „Ernährungsberater" nicht geschützt ist, um sich von der Konkurrenz abzuheben

Schwächen	- durch Kooperationen mit Fitnessstudio und Adipositas Zentrum Steigerung der Bekanntschaft des Unternehmens - generieren von mehr Mitarbeitern bei wachsender Nachfrage durch social Media und Kooperationen	- Kostensenkung beim Abschluss eines ein Jahres Coachings - Förderungsmittel nutzen, um Mitarbeiter ausreichend zu schulen und sich durch die Qualifikationen von den Mitarbeitern abzuheben

3.3 Zielplanung

Zielen sollen „SMART" formuliert werden, was die Kombination aus spezifisch, messbar, erreichbar und angemessen bildet (Watzka, 2017, S. 158). Die Ziele der Ernährungsberatung sind schriftlich fixiert und in einer Zeitspanne von bis zu fünf Jahren angegeben. Sie sind spezifisch und angemessen formuliert. Die Kriterien sind erfüllt und daher sind die Ziele realistisch umzusetzen. Lediglich das Ziel das marktführendste Unternehmen im Bereich Ernährungsberatung zu präsentieren, sollte vom Unternehmen in Teilzielen aufgeschlüsselt werden, damit die Erreichbarkeit trotz der hohen Anzahl an Konkurrenz geschaffen wird.

4   Phase der Strategieformulierung

Wurde der Soll-Zustand durch die strategische Zielplanung festgelegt und der Ist-Zustand erfasst, so muss nun eine Strategie formuliert werden, welche den Weg vom Ist-Zustand zum Soll-Zustand aufzeigt (Bea & Haas, 2013, S. 169).

4.1 Strategieformulierung

Es wird in die Unternehmensebene, Geschäftsbereichsebene und die Ebene der Funktionen unterteilt. Es werden für die verschiedenen Ebenen Strategien definiert, die den langfristigen Erfolg eines Unternehmens sichern sollen (Bea & Haas, 2013, S. 171). In diesem Abschnitt wird auf die Unternehmensebene und Geschäftsbereichsebene eingegangen.

Die Unternehmensebene befasst sich mit der Frage „Welche Marktsegmente soll die Firma mit welchen Mitteln langfristig bearbeiten?" (Venzin et al., 2010, 54 f.) oder „Was ist unser Geschäft?" (Simon & Gathen, 2010, S. 25). Dabei können folgende Strategien angewendet werden, wie die Desinvestitions-/Rückzugsstrategie, Stabilisierungsstrategie und Wachstumsstrategie (Bamberger & Wrona, 2012, S. 131). Das beschriebene Unternehmen wendet die Waschstumsstrategie an, da das Unternehmen neu ist und dementsprechend seine Wettbewerbsposition verbessern und den Marktanteil erhöhen will. Ansoff hat die Vier-Felder-Matrix entwickelt, um vier Primärstrategien des Wachstums aufzuzeigen (Becker, 2011, S. 122). Diese Matrix besteht auch der Markdurchdringung, Marktentwicklung, Produktentwicklung und Diversifikation (Nagel & Wimmer, 2009, S.206). Bei dem beschriebenen Unternehmen handelt es sich um einen bestehenden Markt und bereits vorhandene Dienstleistungen. Es kann daher von einer Markdurchdringung gesprochen werden. Der Marktanteil soll gegenüber der Konkurrenz erhöht werden (Simon & Gathen, 2010, S. 29). Der Wettbewerb findet über den Faktor Preis, über eine stärkere und emotionale Marktpositionierung und durch Verbesserungen der Dienstleistung statt (Schumann, 2018, S. 155).

Die Geschäftsbereichsstrategien zeigen die Ansätze für die Bearbeitung der festgelegten Geschäftsfelder auf und beantworten die Frage, wie sich das Unternehmen in den Geschäftsfeldern präsentieren will (Simon & Gathen, 2010, S. 114). Die anzuwendenden Verhaltensweisen werden in den einzelnen Produkt-Mark-Bereichen definiert (Welge & Al-Laham, 2012, S. 213). Hierbei werden folgende Wettbewerbsstrategien formuliert, die Differenzierungsstrategie, Kosten- bzw. Preisführerschaft und Nischenstrategie (Venzin et al., 2010, S. 162). Das beschriebene Unternehmen bewegt sich in der Differenzierungsstrategie. In Form von Alleinstellungsmerkmalen sollen Unterschiede zu den Mitbewerbern und ein Wiedererkennungswert für den Kunden geschaffen werden (Venzin et al., 2010, S. 185 ff.). Das Alleinstellungsmerkmal ist zum einen die Beratung von Sportlern und zum anderen das breitgefächerte Angebot, sodass der Kunde eine Rundumbetreuung hat. Dieses Alleinstellungsmerkmal wird durch die Eins-zu-eins Betreuung der Kunden geschaffen sowieso das breitgefächerte Angebot des Unternehmens. Dadurch werden im Vergleich zu den Mitbewerbern eine bessere Qualität und Service angeboten, was dazu führt, dass der Kunde eine positive Einstellung dem Unternehmen entgegenbringt (Schumann, 2018, S. 161).

4.2 Blue Ocean-Strategie

Es wird zwischen dem roten und dem blauen Ozean unterschieden. Die rote Ocean-Strategie befasst sich mit der Konkurrenz auf existierenden Märkten. Hier wird die bestehende Nachfrage genutzt und Kompromisse zwischen Kosten und Kundennutzen einzugehen. Die blaue Ocean-Strategie befasst sich mit der Schaffung neuer bzw. noch nicht besetzten Märkten. Damit soll eine neue Nachfrage erzeugt und genutzt werden. Dadurch werden Kompromisse zwischen Kosten und Kundennutzen nicht mehr notwendig (Kim & Mauborgne, 2015, S. 18). Das ökologische Denken hinsichtlich der Ernährung steigt (Leitzmann et al., 2005, S. 8). Aktuell liegt die Zahl der Vegetarier in Deutschland bei ca. 5.0 Millionen und die Zahl der Veganer bei etwa 850.000 mit steigende Tendenz (Keller & Leitzmann, 2013). Dies kann für das beschriebene Unternehmen zum Erreichen des blauen Ozeans genutzt werden, indem Ernährungsberatungen und Kochkurse für speziell Vegetarier und Veganer angeboten werden. Bei den angebotenen Kochkursen kann zudem auf regionale und saisonale Produkte zurückgegriffen werden, um die ökologisch- und biologisch angebauten Lebensmittel zu nutzen. Hierfür bietet sich eine Kooperation mit regionalen Landwirten an.

5 Personalmanagement

Eine Aufgabe des strategischen Managements ist die Personalführung (Bamberger & Wrona, 2012, S. 272). Die Mitarbeiter und Führungskräfte spielen hinsichtlich Erstellung, Umsetzung und Kontrolle von Maßnahmen, welche die Unternehmensziele erreichen, eine wichtige Rolle, da „strategische Fähigkeiten oft in den alltäglichen Aktivitäten verborgen sind, die Mitarbeiter leisten" (Johnson et al., 2011, S. 164).

5.1 Führungsverhalten

„Leadership ist die erworbene oder angeborene Fähigkeit, eine klare Richtung vorzugeben, neue Möglichkeiten zu erschließen und umzusetzen oder umsetzen zu lassen sowie kraft der eigenen Authentizität andere Menschen anzuregen und in die Lage zu versetzen, sich begeistert, initiativ und kreativ für Ziele und Aufgaben einzusetzen, die im gemeinsamen Interesse sind" (Hinterhuber, 2011, S. 19). „Leadership" kommt aus dem

Englischen und wird ins Deutsche als „Führung" übersetzt (Dillerup & Stoi, 2013, S. 8). Es wird in sechs verschiedene Leadership-Styles unterteilt. Diese werden als Direktiver Stil, Pacesetting Stil, Partizipativer Stil, Affiliativer Stil, Visionärer Stil und Coachender Stil bezeichnet. Für das Unternehmen der Ernährungsberatung wird der partizipative Führungsstil benötigt. Hier steht die Beteiligung der Mitarbeiter im Vordergrund. Die Mitarbeiter werden in Entscheidungen mit eingebunden und können Verantwortung übernehmen. Hierbei ist eine Führungsposition wichtig, die ihre Fähigkeit in Zusammenarbeit, Teamführung und der Kommunikation aufweist (Goleman, 2000, S. 78 ff.). Des Weiteren wird von der Führungsposition die Erfüllung der Dimensionen der emotionalen Intelligenz nach Goleman (1998, S.92 ff.) verlangt. Goleman (1998, S.92 ff.) setzt hierbei auf die persönlichen Kompetenzen, wie die Selbstwahrnehmung (emotionale Selbstreflexion, zutreffende Selbsteinschätzung und Selbstvertrauen), das Selbstmanagement (emotionale Selbstkontrolle, Vertrauenswürdigkeit, Gewissenhaftigkeit, Anpassungsfähigkeit, Leistungsorientierung und Tatendrang) und auf die sozialen Kompetenzen, wie das soziale Bewusstsein (Empathie und Einfühlungsvermögen, Sinn für unternehmerische Vorgänge und politisches Gespür) und das Beziehungsmanagement (Inspirierende Führung und Einfluss, Entwicklung anderer fördern, Kommunikation, Veränderungskatalysator, Konfliktmanagement, Bindungen aufbauen, Teamwork und Kooperation).

5.2 Recruiting

Für die Personaleinstellung der Führungskraft wird eine klare Beschreibung der Stelle in Form einer Stellenbeschreibung veröffentlich. Hier wird die Bezeichnung der Stelle, Ziele der Stelle sowie Aufgaben und Kompetenzen der Stelle genannt. Des Weiteren wird ein Anforderungsprofil erstellt. Dieses umfasst fachliche, persönliche und sonstige gewünschte Anforderungen. Um eine Vorauswahl zu treffen, werden die vom Bewerber zugesendeten Bewerbungsunterlagen analysiert und mit dem Anforderungsprofil abgeglichen (Wöhe & Döring, 2010, S. 136). Je nach Menge der Bewerber wird darauf hin durch ein kurzes Telefonat selektiert. Die in Frage kommenden Personen werden zu einem Vorstellungsgespräch eingeladen, um vor allem die sozialen und persönlichen Kompetenzen des Bewerbers kennenzulernen (Wöhe & Döring, 2010, S. 136).

6 Literaturverzeichnis

Bamberger, I. & Wrona, T. (2012). Strategische Unternehmensführung. Strategien, Systeme, Methoden, Prozesse (Vahlens Handbücher der Wirtschafts- und Sozialwissenschaften, 2.). München: Vahlen.

Bea, F. X. & Haas, J. (2013). Strategisches Management (Grundwissen der Ökonomik: Betriebswirtschaftslehre, 6., vollständig überarbeitete Aufl.). Stuttgart: Lucius & Lucius.

Becker, F. G. (2011). Strategische Unternehmungsführung. Eine Einführung; mit zahlreichen Aufgaben und Lösungen (4., neu bearbeitete Aufl.). Berlin: E. Schmidt.

Dillerup, R. & Stoi, R. (2013). Unternehmensführung (4th ed). München: Vahlen.

Bundeszentrum für Ernährung (2017): Die nötige Qualifikation eines Ernährungsberaters. Zugriff am 29.10.2022. Verfügbar unter https://www.bzfe.de/die-noetige-qualifikationeines-ernaehrungsberaters/

Goleman, D. (1998). What makes a leader. Harvard Business Review, (Nov. - Dez.), 92–105.

Goleman, D. (2000). Leadership that gets results. Harvard Business Review, (März - April), 78–90.

Google Maps (2022). Standortwahl Praxis für Ernährungsberatung in Stuttgart. Zugriff am 19.10.2022. Verfügbar unter https://www.google.de/maps/place/N%C3%BCrnberger+Str.+2,+70374+Stuttgart/@48.8061462,9.2241325,15z/data=!4m5!3m4!1s0x4799c50e34a4375f:0xeefa63ad6488e22e!8m2!3d48.8054447!4d9.2317134

Google Maps (2022a). Parkplätze vor der Praxis. Zugriff am 19.10.2022. Verfügbar unter
https://www.google.de/maps/place/N%C3%BCrnberger+Str.+2,+70374+Stutt-
gart/@48.8054113,9.2317205,27m/data=!3m1!1e3!4m5!3m4!1s0x4799c50e34a4375
f:0xeefa63ad6488e22e!8m2!3d48.8054447!4d9.2317134

Google Maps (2022b). Routenplanung mit öffentlichen Verkehrsmitteln Hauptbahnhof,
Stuttgart nach Nürnberger Str. 2, 70374 Stuttgart. Zugriff am 19.10.2022. Verfügbar
unter   https://www.google.de/maps/dir/Hauptbahnhof,+Stuttgart/N%C3%BCrnber-
ger+Str.+2,+70374+Stutt-
gart/@48.8063866,9.2339425,17z/am=t/data=!4m14!4m13!1m5!1m1!1s0x4799db32
29863a35:0xdf0e3bbda30a81!2m2!1d9.1789213!2d48.784171!1m5!1m1!1s0x4799c
50e34a4375f:0xeefa63ad6488e22e!2m2!1d9.2317134!2d48.8054447!3e3

Google Maps (2022c). Routenplanung zu Fuß von Prießnitzweg 24, 70374 Stuttgart nach
Nürnberger Str. 2, 70374 Stuttgart. Zugriff am 19.10.2022. Verfügbar unter
https://www.google.de/maps/dir/Prie%C3%9Fnitzweg+24,+70374+Stutt-
gart/N%C3%BCrnber-ger+Str.+2,+70374+Stutt-
gart/@48.8082151,9.230211,16z/data=!3m1!4b1!4m14!4m13!1m5!1m1!1s0x4799c
50b5ffc46a3:0x1adb234480ac08df!2m2!1d9.2388511!2d48.8111866!1m5!1m1!1s0x
4799c50e34a4375f:0xeefa63ad6488e22e!2m2!1d9.2317134!2d48.8054447!3e2

Hartenstein, M., Billing, F., Schawel, C. & Grein, M. (2016): Der Weg in die Unterneh-
mensberatung, 12. Auflage. Wiesbaden. Springer-Gabler.

Hahnzog, S. (Hrsg.). (2014). Betriebliche Gesundheitsförderung. Das Praxishandbuch für
den Mittelstand. Wiesbaden: Springer Fachmedien.

Hauner, H., Wirth, A., Gola, U., Teufel, M., Zipfel, S., de Zwaan, M. et al. (2013). Adipositas. Ätiologie, Folgekrankheiten, Diagnostik, Therapie. Heidelberg: Springer-Verlag Berlin.

Hecker, F. (2021): Management-Philosophie. Wiesbaden. Gabler Verlag.

Hinterhuber, H. H. (2011). Strategische Unternehmungsführung. I. Strategisches Denken (Bd. 1, 8., neu bearbeitete und erweiterte Aufl.): Erich Schmidt.

Hungenberg, H., Wolf, T. (2015): Grundlagen der Unternehmensführung. Berlin. Springer-Gabler.

Jochum, E. (Hrsg.). (2013). Ernährungsmedizin Pädiatrie. Heidelberg: Springer-Verlag Berlin.

Johnson, G., Scholes, K. & Whittington, R. (2011). Strategisches Management - Eine Einführung. Analyse, Entscheidung und Umsetzung (Pearson Studium - Economic BWL). München: Pearson Studium ein Imprint der Pearson Education.

Keller, M & Leitzmann, C. (2013). *Vegetarische Ernährung* (3. Aufl.). Stuttgart: utb.

Kim, W. C. & Mauborgne, R. (2015). Blue ocean strategy. How to create uncontested market space and make the competition irrelevant (Expanded edition). Boston, Mass.: Harvard Business School Publishing Corporation.

Leitzmann, C., Keller, M., Hahn, A. (2005). Alternative Ernährungsformen (2. Aufl.). Stuttgart: Hippokrates Verlag.

Müller-Stewens, G. & Lechner, C. (2011). Strategisches Management. Wie strategische Initiativen zum Wandel führen: der St. Galler General Management Navigator (4., aktualisierte Aufl.). Stuttgart: Schäffer-Poeschel.

Porter, M. E. (2000). Wettbewerbsvorteile. Spitzenleistungen erreichen und behaupten (6. Aufl.). Frankfurt: Campus.

Nagel, R. & Wimmer, R. (2009). Systemische Strategieentwicklung. Modelle und Instrumente für Berater und Entscheider (5., aktualisierte und erweiterte Auflage). Stuttgart: Schäffer-Poeschel.

National Audit Office. (2001). Tackling Obesity in England. London: The stationary Office.

16

Schumann, O. (2007). Vertrauen in interkulturellen Prinzipal-Agent-Beziehungen. Am Beispiel von deutsch-japanischen Kooperationen kleiner und mittlerer Unternehmen (Schriften zur Nationalökonomie, Bd. 48, 1. Aufl.). Bayreuth: P.C.O.

Simon, H. & Gathen, A. von der. (2010). Das grosse Handbuch der Strategieinstrumente. Werkzeuge für eine erfolgreiche Unternehmensführung (2. überarbeitete und erweiterte Aufl.). Frankfurt, M.: Campus.

SPLENDID Reseach (2019). Umfrage zur Nutzung und Nutzungsabsicht von Gesundheits-Apps in Deutschland. Zugriff am 29.10.2022. Verfügbar unter: https://de.statista.com/statistik/daten/studie/1036009/umfrage/nutzung-und-nutzungsplanung-von-gesundheits-apps-in-deutschland/

Venzin, M., Rasner, C. & Mahnke, V. (2010). Der Strategieprozess. Praxishandbuch zur Umsetzung im Unternehmen (2., erw. Aufl.). Frankfurt: Campus.

Watzka, K. (2017): Zielvereinbarungen in Unternehmen. 2. Auflage. Wiesbaden. Springer-Gabler.

Weber, W., Kabst, R. & Baum, M. (2018): Einführung in die Betriebswirtschaftslehre, 10., aktualisierte und überarbeitete Auflage. Wiesbaden. Springer Gabler.

Welge, M.K. & Al-Laham, A. (2012). Strategisches Management. Grundlagen- Prozessimplmentierung (6. Auflage) [S.l.]: Gabler.

World Health Organization. (2021). Obesity and overwight. Zugriff am 19.10.2022. Verfügbar unter https://www.who.int/news-room/fact-sheets/detail/obesity-and-overweigh

Wöhe, G. & Döring, U. (2010). Einführung in die allgemeine Betriebswirtschaftslehre (24., überarbeitete und aktualisierte Aufl). München: Vahlen. Zugriff am 20.10.2022. Verfügbar unter http://www.worldcat.org/oclc/863954010

7 Abbildungs- und Tabellenverzeichnis

7.1 Abbildungsverzeichnis

Abbildung 1: Standortwahl Praxis für Ernährungsberatung in Stuttgart (Open Street
map, 2024)   3

7.2 Tabellenverzeichnis

Tabelle 1: Vision/Mission/Grundwerte (eigene Darstellung)   5

Tabelle 2: Stärken und Schwächen (eigene Darstellung)   9

Tabelle 3: Chancen und Risiken (eigene Darstellung)   9

Tabelle 4: SWOT-Analyse (eigene Darstellung)   9-10

BEI GRIN MACHT SICH IHR WISSEN BEZAHLT

- Wir veröffentlichen Ihre Hausarbeit,
  Bachelor- und Masterarbeit

- Ihr eigenes eBook und Buch -
  weltweit in allen wichtigen Shops

- Verdienen Sie an jedem Verkauf

Jetzt bei www.GRIN.com hochladen
und kostenlos publizieren